Can-Doで示す
英語文法指導

―文法能力の習得実態調査を中心に―

佐藤　恭子　*Yasuko Sato*

溪水社

はしがき

　本書では、「ヨーロッパ言語共通参照枠（Common European Framework of Reference for Languages：learning, teaching, assessment：CEFR）」の趣旨・目的を実行する教育ツールである「能力記述文（can do statements）」に焦点を当て、それが学習者の自己評価にどのように使われているのか、また学習者にとって、使いやすい具体的な形で提示するにはどのようなことが必要なのかについて、実際の調査に基づいて考えることにします。１章で、まず CEFR 及び「能力記述文」誕生の背景について概観し、２章では、教室場面における具体的な英語の４技能の活動（タスク）について、学生による自己評価、学習活動の経験そして学習ニーズを Can Do チェックリストにより調査した結果を示します。こうした学生の学習環境、背景を把握した後、３章と４章においては、英語文法能力に焦点を当て、その習得状況を能力記述文の形で提示し、習得段階の過程を示すことを目指しました。

　１章は佐藤（2013）、２章は佐藤（2012）、３章は佐藤（2013）と佐藤（2016a）、４章は佐藤（2016b）に基づいています。全体を通して、CEFR のツールである能力記述文や Can Do チェックリストが、学習者に有益に用いられるように、具体的で細分化した記述を目指しました。これらが、自己評価や目標設定に役立つことを期待します。

　最後になりましたが、出版に際しては渓水社の木村逸司社長と実際の作業にあたって頂いた木村斉子様に大変お世話になりました。ここに記してお礼申し上げます。

2017 年 1 月

佐藤　恭子

Can-Do で示す英語文法指導
もくじ

はしがき ……………………………………………………………… i

1．はじめに
1．1．ヨーロッパ言語共通参照枠（CEFR） ………………… 3
1．2．CEFR と英検および TOEIC との対応 ………………… 5

2．「清泉アカデミック Can-Do 尺度」を用いた自己評価
2．1．Can-Do チェックリストによる自己評価 ……………… 7
2．2．結果 …………………………………………………… 8
   2．2．1．自己評価　9
   2．2．2．これまでの学習経験　15
   2．2．3．学習ニーズ　21
2．3．まとめ ………………………………………………… 26

3．段階的な英語文法指導を目指した習熟実態の検証
3．1．予備調査 ……………………………………………… 27
3．2．調査方法 ……………………………………………… 30
3．3．本調査 ………………………………………………… 35
   3．3．1．調査方法　35
   3．3．2．調査結果　36
   3．3．3．文法項目の再分類　38
   3．3．4．文法指導における CEFR の資料　43
   3．3．5．段階的な文法能力を示す能力記述文の作成　46
3．4．まとめ ………………………………………………… 47

４．ニューラルテスト理論を用いた英語文法習得実態の分析
　４．１．調査方法　……………………………………………………　49
　４．２．分析方法　……………………………………………………　49
　　　４．２．１．調査結果　52
　　　４．２．２．項目参照プロファイル　54
　　　４．２．３．ランク別習得状況　56
　４．３．まとめ　………………………………………………………　56

参考文献　………………………………………………………………　57
参考資料　………………………………………………………………　59

Can-Do で示す英語文法指導

―文法能力の習得実態調査を中心に―

1．はじめに

　本書で扱う「能力記述文（can do statements）」とは「〜ができる（can do）」という表現を用いて、学習者が実際に言語を用いて何が出来るかを、具体的に記述したものである。外国語を用いて行える能力を具体的に示す教育的ツールとして活用が期待されているが、その特徴として言語知識を評価診断するのではなく、言語運用能力を重視したものになっている点が挙げられ、コミュニケーション能力養成の観点からも意義深い。また同時に学習者の自己学習に関する目標設定および評価においても有用であるとされている。以下で能力記述文が生まれた背景を概観する。

1.1．ヨーロッパ言語共通参照枠（CEFR）
　能力記述文は、欧州評議会（Council of Europe）によるヨーロッパ共通の言語教育政策の枠組みである「ヨーロッパ言語共通参照枠（Common European Framework of Reference for Languages：learning, teaching, assessment：CEFR）」を基盤としている。その目的はヨーロッパという異なる言語や文化の中、外国語に対して共通の枠組みを設定することにより、シラバス作成、カリキュラムデザイン、テスト作成等、効果的な外国語学習を目指すための指針を与える点にある。

　背景にある考え方として、まず「複言語主義」を挙げることが出来る。この考え方は、理想的な母語話者を目指すものでなく、一人の人間が複数の言語を、与えられた状況の中で実際に使い行動することが出来ることを目指している。言い換えれば、言葉の使用者や学習者を、社会的に行動できる人間であると捉えており、「行動中心主義」の立場を取っていると言

える。またCEFRにおいては、言語の学びは「生涯学習」であるとされ、「自律学習」の重要性を説いている。「自律学習」とは自らの学びについて、学習者自身が計画、実施、評価ができる学習を指すが、特に評価において能力記述文は、具体的な学習項目が出来るかどうかを細分化して言葉で表している。

現在、EU加盟国以外でも、中国、台湾、韓国でCEFRを基準にした英語教育が行われている。日本でも既にこの枠組みが英語教育において応用されており、茨城大学（福田2007；2009）、大阪大学（真嶋2007）、慶応大学、東京外国語大学、福岡県立香住丘高等学校、神戸市立葺合高等学校等での取り組みが挙げられる。

そしてCEFRを日本の教育現場において応用すべく、日本版CEFRの策定についての調査（小池2008a；2008b；2009）が行われ、2012年には、このCEFRを基に日本の教育環境や現状に合わせて開発された「CEFR-J (ver.1)」が「CEFR-J研究開発チーム（代表：投野由紀夫）」[1]によって構築された。このCEFR-Jとは、研究チームのサイトである「CEFR-Based framework for ELT in Japan」[2]によれば、「ヨーロッパ言語共通参照枠（CEFR）をベースに、日本の英語教育での利用を目的に構築された、新しい英語能力の到達度指標」であると説明されている。

CEFRを教育現場で使うものとして、「Can Doチェックリスト」と「ヨーロッパ言語ポートフォリオ（European Language Portfolio：ELP）」がある。ELPは言語学習の記録と呼べるもので、学生の学習履歴を示す「言語パスポート（language passport）」、「言語学習記録（language biography）」、学習成果を示す「資料集（dossier）」から構成されている。こうしたポートフォリオは、従来のテストに代わる評価方法として評価されている。本書では2章において、Can Doチェックリストを用いた調査を取り上げる。

---

1) http://www.tufs.ac.jp/ts/personal/tonolab/cefr-j/index.html 参照。
2) http://www.tufs.ac.jp/ts/personal/tonolab/cefr-j/whatis-cefrj.html 参照。

1．2．CEFR と英検および TOEIC との対応

　CEFR では、言語能力を（A）「基礎レベルにおける言語使用者」、（B）「自律した言語使用者」、（C）「熟達した言語使用者」の3つに分けており、それぞれのレベルがさらに2つに下位分類され、全体でA1からC2までの6つのレベルに分けられている。ヨーロッパで開発されたこの枠組みを日本の教育現状に照らし合わせると、日本の大学生のレベルは一番下位のA1かA2にあたると考えられている。

　この CEFR のレベル分けが、日本においても色々なところで使われ始めている。例えばNHKでは語学番組のレベル分けをこの指標によって行っている[3]。実際ヨーロッパなどでは学習教材のレベルをこの6つのレベルで表示していることが多く、教材選びの目安として活用されている。

　日本でも、英検やTOEICにおいてCEFRとの対応表を作成している。例えば表1を見ると、英検3、4、5級はA1レベルに相当することが分かる。

表1　英検と CEFR の対応

CEFR	英検
C2	－
C1	1級
B2	準1級
B1	2級
A2	準2級
A1	3級、4級、5級

（「英検と CEFR との関連性について　研究プロジェクト報告」
公益財団法人日本英語検定協会　主任研究員 Jamie Dunlea）[4]

3）http://eigoryoku.nhk-book.co.jp/cefr.html 参照。
4）http://www.eiken.or.jp/forteachers/data/cefr/cefr03.html 参照。

また TOEIC 及び TOEIC-Bridge と CEFR の対応は表 2 に示した。TOEIC はリスニングとリーディングがそれぞれ 495 点で 990 点満点の試験であるが、TOEIC-Bridge はそれぞれ 90 点ずつの合計 180 点満点となっている。表 2 では A1 から C1 のレベルの最低点が挙げられているが、例えば一番初級レベルである A1 は TOEIC ではリスニング、リーディングで共に 60 点以上、A2 はリスニングで 110 点以上、リーディングで 115 点以上、TOEIC-Bridge では A1 はリスニング、リーディングで共に 46 点以上、A2 はリスニングで 64 点以上、リーディングで 70 点以上ということになる。

表2 TOEIC 及び TOEIC-Bridge と CEFR の対応

	Score range	Minimal score				
		A1	A2	B1	B2	C1
TOEIC Listening	5-495	60	110	275	400	490
TOEIC Reading	5-495	60	115	275	385	455
TOEIC Bridge Listening	10-90	46	64	84		
TOEIC Bridge Reading	10-90	46	70	86		

(Mapping the TOEIC® and TOEIC Bridge™ Tests on the Common European Framework of Reference for Language)[5]

本書では、A1 に属する英語学習者を対象にして、調査を行うことにする。まず次章では、Can Do チェックリストを用いて、英語の 4 技能についての自己評価、学習活動の経験、学習ニーズを見ていき、学習者を取り巻く環境を概観することにする。

---

[5] http://www.ets.org/s/toeic/pdf/toeic_cef_mapping_flyer.pdf 参照。

２．「清泉アカデミック Can-Do 尺度」を用いた自己評価

　本章では、長沼他（2006）で開発された「清泉アカデミック Can-Do 尺度」を用いて、英語を専攻とする学生を対象にその学習実態を考える。今回用いる Can-Do 尺度は、一般的に Can-Do チェックリストと呼ばれるものであるが、そのねらいは、英語の学力を外部テスト等の数値によるものだけでなく、具体的な学習タスクに細分化して「〜が出来る」という分かりやすい表現で学習者に提示し、学習者自身による学習目標の設定や評価に役立てようとするところにある。

　本章では教室場面における具体的な英語の４技能の活動（タスク）について、学生による自己評価、学習活動の経験そして学習ニーズを調査する。

２.１．Can-Do チェックリストによる自己評価

　CEFR で用いられている能力記述文は、現実の生活や仕事の場面を意識したものになっているが、大学教育の実際の教室場面を想定したリストとされる清泉女子大の「清泉アカデミック Can-Do 尺度」は、４技能についてそれぞれ５項目の学習活動（タスク）について問うており、全体で 20 項目のチェックリスト（設問）から構成されている。各設問についての回答が、「できる」段階を４つのレベルで示した具体的な選択肢から構成されているのが特徴である。例えば、以下に挙げたリーディングに関する質問項目に対して、a から d までの４つの段階に細分化されたチェックリスト（選択肢）が能力記述文の形式で提示されている。

「高校の教科書レベルの短いテキストを音読できる」
 a.「モデル音声を何回か聞いても、つっかえずに自然に読むのが難しい」
 b.「モデル音声を1回聞けば、つっかえずに自然に読むことができる」
 c.「モデル音声を聞かなくても、1回黙読をすればつっかえずに自然に読むことができる」
 d.「モデル音声を聞かず、あらかじめ黙読をしないでもつっかえずに自然に読むことができる」

(長沼他 2006：60)

長沼他（2006）はこのようにレベルを段階化することにより、最終目標の単なるリスト化でなく、より細かい発達段階毎の到達目標を学習者に与えることが出来る点で、具体的な学習行動につながり、ひいては学習者の動機づけにも資するという点で有効であると述べている。この調査では、この学習活動に対する評価の他に、そうした活動をしたことがあるか（学習経験）、また機会があればそうした活動を今後してみたいか（学習ニーズ）についても調べており、今回の調査でも同様にそれらの項目を調べた。

2.2. 結果

本調査の対象者は、大学1年生32名、2年生22名、3年生22名、4年生22名の合計98名で、すべて英語を専攻とする学習者である。前節で述べたように、英語の4技能についてそれぞれ5項目からなる英語活動の(1) 自己評価について、「出来る」段階を、初歩的な段階のaのレベルから順にdのレベルまでの4段階のレベルで回答することを学生に求めた。また(2) それぞれの学習タスクをしたことがあるかどうかの「経験」を「あり」と「なし」の二者択一で、(3) 機会があればそうしたタスク（活動）をしてみたいかどうかの「学習ニーズ」を「進んで勉強したい」、「できれば勉強したい」、「あまり興味がない」の3段階で尋ねた。

以下、2.2.1で自己評価、2.2.2で学習経験、2.2.3で学習ニーズの結果を報告する。結果については、スピーキング、リスニング、リーディ

ング、ライティングの順に、それぞれの5つの質問項目を挙げながら示す。

2.2.1. 自己評価
2.2.1.1. スピーキング

　質問項目は次の5つである。aからdの4段階のチェックリストが回答の選択肢として与えられている。以下各項目の選択肢は、巻末の「参考資料」に挙げ、ここでは①の例についてのみ、aからdの選択肢を挙げておく。

①高校の教科書レベルの短いテキストを読んで、その内容を英語で説明できる。
　a. テキストやメモを見ながらでも、説明するのが難しい。
　b. テキストやメモを見ながらであれば、なんとかゆっくり説明できる。
　c. テキストやメモを見ないでも、メモがあれば大体説明できる。
　d. テキストやメモを見ないでも、大体説明できる。

②映像資料を使いながら、よく知っている話題に関するプレゼンテーションができる。

③授業で練習した表現を使って、日常的な話題に関してペアで会話（ロールプレイ）ができる。

④よく知っている話題に関して、数人のグループで会話（ディスカッション）ができる。

⑤日常的な場面を描いた4コマの絵を見て、その内容を英語で説明できる。

表3　スピーキングの自己評価

活動 自己評価	短いテキストの内容説明	知っている話題のプレゼン	日常的な話題をペアで会話	知っている話題のディスカッション	日常的な場面の絵の説明
a 難しい	12	28	32	26	34
b なんとか出来る	63	58	38	54	49
c まあ出来る	22	10	30	17	15
d 出来る	3	4	0	3	2
合計（％）	100	100	100	100	100

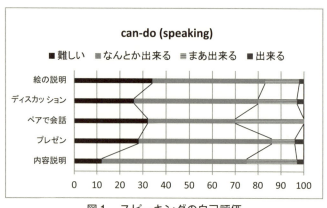

図1　スピーキングの自己評価

表3で5つのスピーキングタスクのうち「まあ出来る」と「出来る」の割合をみると、「ペアで会話」と「内容説明」がそれぞれ30％（30％＋0％）、25％（22％＋3％）だが、「プレゼンテーション」や「絵の説明」、「ディスカッション」については、20％以下となっており、こうした活動が学生には困難であると考えられる。一方で「ペアで会話」をすることは、「難しい」と思っている学生（32％）と「まあ出来る」と思っている学生（30％）がほぼ同じ割合となっており、能力の二極化現象が表れている。能力別クラス編成を行い、能力に応じた指導が必要となる領域である。

2.2.1.2. リスニング
　質問項目は次の5つである。
①日常的な話題や関心のあるテーマのニュースや映画などを英語で聞いて理解できる。
②日常的な話題に関する英語を聞いて理解することができる。
③あまり専門的でない内容に関する、比較的ゆっくりとした英語の説明を聞いて理解できる。
④授業中に教師が話す英語を聞いて理解できる。
⑤日常的な生活上での英語（駅のアナウンス、店でのやりとり）を聞いて、

表4　リスニングの自己評価

自己評価＼活動	ニュースや映画	日常的話題	英語の説明	教師の英語	生活の英語
a 難しい	21	13	38	8	15
b なんとか出来る	69	64	55	60	61
c まあ出来る	8	12	7	18	21
d 出来る	2	11	0	14	3
合計（％）	100	100	100	100	100

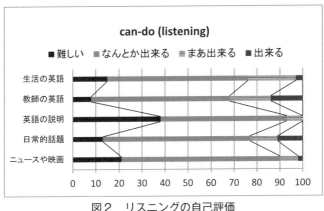

図2　リスニングの自己評価

必要な情報が理解できる。
　表4と図2を見ると、「英語の説明を聞く」ことは一番難しい活動である。「まあ出来る」と考えている学生はわずか7％であり、「出来る」と思っている学生はいないと言う結果となった。同様の傾向は「ニュースや映画を聞く」ことにも言える。これらの結果から、ニュースや映画、物事の説明文を聞くことは、「難しい」、「なんとか出来る」のレベルにとどまっていると言える。教材の題材を少しずつ高度なものへ移行しながら、3段階目の「まあ出来る」へ引き上げる目標を設定すべきであろう。
　一方、「教師の英語」、「日常的話題」、「生活の英語」を聞く活動につい

ては「まあ出来る」と「出来る」の3, 4段階目のレベルに達している学生が、それぞれ32%（18%＋14%）、23%（12%＋11%）、24%（21%＋3%）となっている。よく知っている内容は聞けるが、そうでないものは難しいということであれば、リーディングの授業とも連携しながら、内容が理解出来たものを聞きとる練習をするといったことも一つの工夫である。

2.2.1.3. リーディング

質問項目は次の5つである。
①日常的に接する英語で書かれたテキスト（広告、雑誌、新聞等）を読んで、必要な情報が理解できる。
②高校の教科書レベルの短いテキストを、ある程度の速さで読むことができる。
③ある程度の長さの構成のはっきりとした英文を読んで、理解できる。
④辞書を引かずに英語の物語やエッセイを読むことができる。
⑤高校の教科書レベルの短いテキストを音読することができる。

表5　リーディングの自己評価

活動 自己評価	必要な情報	ある程度の速さ	ある程度の長さ	辞書を引かずに読む	音読
a 難しい	20	17	21	36	31
b なんとか出来る	57	40	44	42	44
c まあ出来る	21	38	35	12	20
d 出来る	2	5	0	10	5
合計（%）	100	100	100	100	100

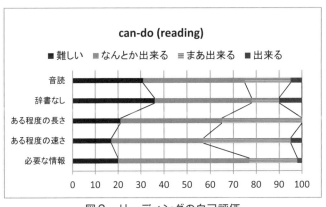

図3　リーディングの自己評価

　表5、図3の結果から、スピーキングやリスニングと比べて、リーディングについては「まあ出来る」の3段階目のレベルに到達する学習項目が、「ある程度の速さ」では38%、「ある程度の長さ」では35%と高い。またこれらの項目は、2段階目と3段階目のレベルに達している学生の合計の割合がそれぞれ78%（40%＋38%）、79%（44%＋35%）を占めており、バランスのよい発達段階を示しているのが特徴的である。このような段階の学生の場合は、共通の目標設定が可能となり、効率的な指導が行えると考えられる。

　一方で、「辞書を引かずに読むこと」や「音読」は36%、31%の学生がそれぞれ「難しい」としている。「音読」のような基礎的な学習スキルが学生にとっては苦手なものであることが分かったが、今後、具体的な指導項目として積極的に取り入れる必要がある。

2.2.1.4. ライティング
　質問項目は次の5つである。
①英語で書いた原稿を見て、自分で文法的な誤りを直すことができる。
②高校の教科書レベルの英語を聞いて、メモを取った上で英語で要約することができる。

③英語で一貫したまとまりのある文章を書くことができる。
④英語で出来事や状況を説明する文章を書くことができる。
⑤知人や友人、先生からの英語のメールを読んで、返事を書くことができる。

表6　ライティングの自己評価

活動 自己評価	文法の誤り訂正	メモを取って要約	まとまりのある文章	出来事や状況説明文	メールを書く
a 難しい	38	29	43	36	30
b なんとか出来る	39	56	41	55	56
c まあ出来る	21	14	14	6	11
d 出来る	2	1	2	3	3
合計（％）	100	100	100	100	100

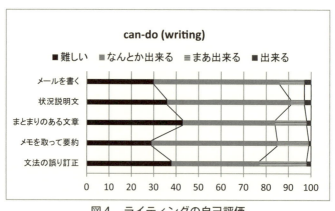

図4　ライティングの自己評価

ライティング活動は、表6と図4から分かるように、学生にとっては一様に難しい活動であることが分かる。「難しい」と評価した学生の割合が、他の領域の活動と比べ高い。活動の項目別に見てみると、「文法の誤り訂正」以外の項目は、どれも4段階レベル中「難しい」、「まあ出来る」の最初の

2つのレベルに、全体の80〜90%の学生が該当している。5つの活動中、「文法の誤り訂正」については、「まあ出来る」としている学生が21%おり、他の活動に比べて高い。この結果は、高校などで経験してきたことが影響しているのかもしれない。

2.2.1.5. まとめ

　自己評価について、まず明らかになったのは、リーディングの評価が一番高く、ライティングが一番低いということだった。今回の調査で、4段階に細分化した能力記述文の回答を振り返ると、「難しい」と「なんとか出来る」の最初の2段階のレベルで、全体の学生の90%以上を占めるものがあった(「あまり専門的でない内容に関する、比較的ゆっくりとした英語の説明を聞いて理解できる」、「英語で出来事や状況を説明する文章を書くことができる」)。一方でこれら最初の2段階のレベルが全体の半分強程度(57%)(高校の教科書レベルの短いテキストを、ある程度の速さで読むことができる))の範囲におさまった活動もあった(「高校の教科書レベルの短いテキストを、ある程度の速さで読むことができる」)。

　実際にはやっていない活動についても聞いているために、今回の自己評価がどの程度信頼出来るものであるかどうかは分からないが、個別の活動についてみてみると、自己評価の低かった項目は、グループディスカッションやプレゼンテーション、「説明の英語を聞く」、「まとまりのある文章や説明文を書く」等の上級レベルの英語力が必要とされる活動を含んでいる。一方で、音読といった、日常的にしているだろうと想定される項目も自己評価が低く、難しいと感じていることが分かった。こうしたタスクや活動は授業で積極的に扱う必要がある。

2.2.2. これまでの学習経験

　次に、実際に学生はどのような活動を経験しているのかを調べた。授業科目との関連性が強いことも予想されるため、学年別に各技能の活動経験をまとめた。結果を技能別に順に以下に示す。

2.2.2.1. スピーキング

この質問への回答はそれぞれの項目の活動について今までにしたことが「ある」か「ない」を二者択一形式で答えることを求めた。表7の数字はパーセントを示すが、例えば「内容説明」をしたことがある学生は1年では22％、2年では45％、3年では32％、4年では23％であることを示している。

表7　これまでにしたスピーキング活動

Speaking	1年	2年	3年	4年	平均（％）
内容説明	22	45	32	23	30
プレゼン	19	9	64	59	36
ペアで会話	63	41	64	68	59
ディスカッション	31	23	55	41	37
絵の説明	22	9	23	18	18

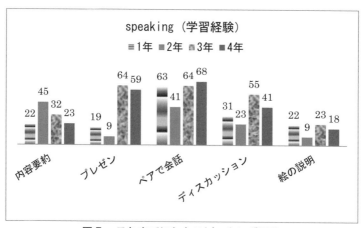

図5　これまでにしたスピーキング活動

調査対象の学生が所属する大学ではプレゼンテーションは3年生が履修すべき科目であり、表7、図5が示すように3、4年生においてこの活動を

経験した学生の割合が高くなっている。また「ペアで会話をする」ことはどの学年の学生にとっても最も多く行っているタスクとなっている。英会話の授業は2年生が履修する科目だが、このタスクについては、特定の学年に限られた傾向としては表れていない。一方で「絵に表されている場面の説明」といった活動はあまり経験しておらず、このため自己評価で難しいとなったのだろう。こうしたタスクを今後もっと行う必要がある。

2.2.2.2. リスニング

表8及び図6が示すように、いずれの活動もかなりの学生が経験している。おおむね学年が進むにつれてその割合も大きくなってきている。しかし、英語の説明文を聞くことはあまりしておらず、2.2.1.2で見たように難しい活動であるという自己評価につながっている。一方でニュースや映画などを聞くことは、平均して62％が経験しているが、自己評価では難しい項目とされている（表4参照）。こうした領域では、能力にあった教材の扱い方も今後の検討事項である。

表8　これまでにしたリスニング活動

Listening	1年	2年	3年	4年	平均（％）
ニュースや映画	59	45	73	73	62
日常的話題	69	68	73	82	72
英語の説明	31	36	55	55	43
教師の英語	78	77	82	95	83
生活の英語	78	50	68	77	69

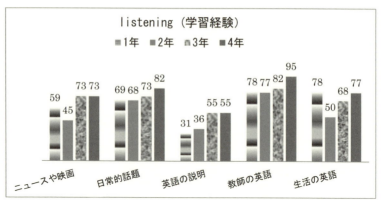

図6　これまでにしたリスニング活動

2.2.2.3. リーディング

　表9、図7が示すように、リスニング活動と同様に、学習者は多くの活動を経験していることが分かる。「ある程度の長さで読む」ことは1年から3年へと学年を経るごとに経験した割合が高くなっているのもあるが、一方で「ある程度の速さで読む」は学年が上がるごとに、その割合が低くなっている。特に辞書の使用や「ある程度の速さで読む」機会などが4年生になると減っている。このことは4年生になると、履修すべき科目があまりないため、英語に触れる時間が減っていることを示しているのではないだろうか。授業以外で、英語を勉強する動機づけが必要である。また辞書を使わないで意味を推測して読むことは3年生で増加している。また音読をすることが難しいとした学生が多かったが（表5参照）、表9及び図7の結果から、実際には授業では行っているが、自分で出来るかと言うとそうではないというのが実情であろう。こうした活動について、自学学習が出来るような環境（e-learning等）を与えることも必要であろう。

表9 これまでにしたリーディング活動

Reading	1年	2年	3年	4年	平均（%）
必要な情報	69	68	68	68	68
ある程度の速さ	81	73	64	59	70
ある程度の長さ	69	73	91	77	77
辞書なし	50	45	91	64	61
音読	78	59	73	73	71

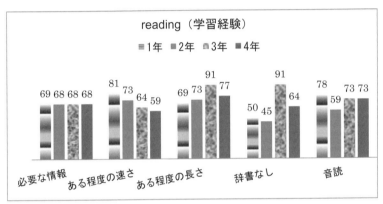

図7 これまでにしたリーディング活動

2.2.2.4. ライティング

　学生が難しいと自己評価している項目（表6参照）については、実際に経験した活動も少ないことが分かる。例えば「メールを書く」ことは、3，4年生で少しは多くなっているが、実際にそうした活動は、日本の学習環境において想定しにくいことを考えると当然の結果かもしれない。「状況説明文を書く」ことは、1、2年生では少ないが、3、4年生になると高くなる。ライティングの授業は1、2年生で受講する科目であるが、そうした授業では、このタイプのタスクがあまり課されていないことがわかる。3、4年生へのつなぎとしてこうしたタスクを早い時期で導入する必要があるだろう。

表10　これまでにしたライティング活動

Writing	1年	2年	3年	4年	平均（％）
文法の誤り訂正	63	55	68	73	64
メモを取って要約	38	50	55	59	49
まとまりのある文章	41	45	55	64	50
状況説明文	44	36	86	73	58
メールを書く	25	32	45	41	35

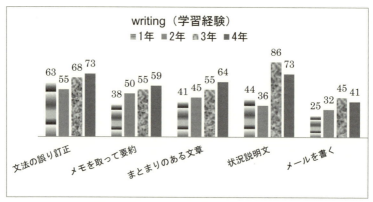

図8　これまでにしたライティング活動

2.2.2.5. まとめ

　技能ごとの学習タスク（活動）の経験の有無を調べたが、その結果、学年が進むにつれて、レベルの高いことを経験している項目もあったが、授業で扱われているタスクや教材との関係も強いことが分かった。学習経験の少ないタスクについては、今後必修科目などで取り入れて、3，4年生で習得できるレベルに達するような工夫が必要であろう。また授業外で英語に触れる機会や場を増やすことも、4年間継続して英語への動機づけを保つためには必要なことであると思われる。

2.2.3. 学習ニーズ
2.2.3.1. スピーキング

　表11及び図9が示すように、1年生が他の学年よりも、ほとんどの活動においてニーズが高いと言える。3年生にはプレゼンテーションの授業が開講されているためかそのニーズも高く、授業に対する期待も大きいと考えられる。英語が話せるようになりたいという気持ちはもっと高いと予想されたが、実際にはそうではないと言える。1年生の時にはある程度高いニーズがあっても、学年が進むにつれて、減っていく原因は何かを考える必要がある。

表11　スピーキング活動への学習ニーズ

Speaking	1年	2年	3年	4年	平均（％）
内容説明	31	23	18	18	23
プレゼン	25	18	27	9	20
ペアで会話	25	23	23	23	23
ディスカッション	31	18	14	23	22
絵の説明	38	18	18	18	24

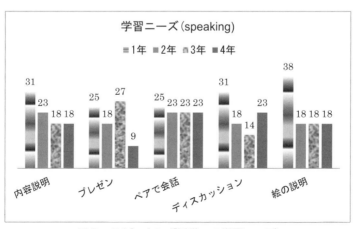

図9　スピーキング活動への学習ニーズ

2.2.3.2. リスニング

表12　リスニング活動への学習ニーズ

Listening	1年	2年	3年	4年	平均（％）
ニュースや映画	56	36	41	50	47
日常的話題	59	55	55	50	55
英語の説明	47	14	23	23	29
教師の英語	66	41	45	41	50
生活の英語	63	45	59	68	59

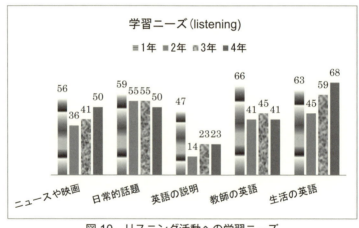

図10　リスニング活動への学習ニーズ

　表12と図10から分かることは、全般に1年生が高いニーズを持っているが、他の学年においても「英語の説明を聞く」以外は、全般にリスニングに対するニーズは高いと言える。「英語の説明を聞く」という項目は、2年生以上になると難しいことが分かってくるのか、学習に対する意欲を失うのかもしれない。こうした項目についても、必要な活動であることを意識化させ、授業で取り扱うことが大切であると思われる。一方、「日常的話題」や「生活の英語」を聞くことについては、おおむねどの学年にお

いてもニーズが高い。こうした結果から、学生はリスニングについては、身近な役に立つ英語を聞いてみたい意欲があると考えられる。こうしたニーズの応えるためには、明確な授業目的を示した科目を、各学年を通して設定する必要があるだろう。

2.2.3.3. リーディング

表13　リーディング活動への学習ニーズ

Reading	1年	2年	3年	4年	平均（％）
必要な情報	69	68	68	68	68
ある程度の速さ	81	73	64	59	69
ある程度の長さ	69	73	91	77	78
辞書なし	50	45	91	64	63
音読	78	59	73	73	71

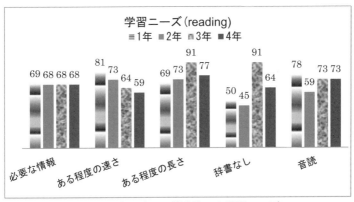

図11　リーディング活動への学習ニーズ

リーディングについては、どの学年も概ねニーズが高いと言える。特に3，4年生が、「ある程度の長さ」の文を読んだり、「辞書なし」で文を読むといったタスクをやってみたいと考えていることが分かる。辞書を使わずに

文章を読むことは学生にとっては難しいタスクであり、学習した経験も4年生においては高くなかったが（表9、図7）、身につけたい能力の一つであると考えていることが分かる。4年生の段階でそういったニーズが表れてくることは、就職後の実践的な英語力を身につけたいという意図もあるように考えられる。今後は1、2年次開講の必修のリーディング科目とは異なるタスクを身につけることを目標とした科目を置くことも必要であろう。

2.2.3.4. ライティング

これまでの3つの技能と異なり、各活動に対する傾向がよく似ていることが分かる。どの学年においても、5つのタスクについてほぼ同じようなニーズを持っていることが分かる。おおむね1年生と4年生が高いニーズを持ち、2，3年生がより低いニーズを示したことが分かった。学年別にみると、2年生が「まとまりのある文章を書く」に対して高いニーズを持っていた。これは必修科目のライティングの授業で扱われているタスクと関連していると思われる。調査時期が授業の終了時点であったことから、1年間学習してみて、その必要性を強く感じたと思われる。

既にみた表6と表10の結果から、学習者は色々なライティング活動を経験しているものの実際に出来る活動が少ないことが分かった。しかしながら、4年生が示したニーズには、実践的な活動であるメールも挙げられていることから、やはり使える英語を学ぼうとする意欲は高いと考えられる。また文法についても2，3年生の時点では、それほど高いニーズではないが、4年生の時点でその重要性を再認識しているのか高くなっている。1年生の終了時点と卒業の時点でのニーズの傾向が良く似ていることを考え合わせると、基本的で、かつ実践的な英語を身につけることが学生にとって重要なニーズであると判断される。

表14　ライティング活動への学習ニーズ

Writing	1年	2年	3年	4年	平均（％）
文法の誤り訂正	50	32	27	55	42
メモを取って要約	41	32	23	41	35
まとまりのある文章	44	45	32	41	41
状況説明文	50	36	36	55	45
メールを書く	50	36	36	64	47

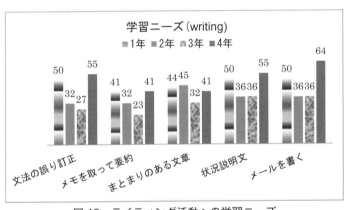

図12　ライティング活動への学習ニーズ

2.2.3.5. まとめ

　ニーズ調査の分析によって、1年生が全般的に高いニーズを示していることが分かった。調査時期が1年間の授業が終わった時点であったが、もっと勉強してみたいという気持の表れであると思われる。また履修授業に関連するタスクについてのニーズが強かったり、2年生の時に学習活動の難しさを実感すると、それに対するニーズが下がっていく現象も見られた。特にスピーキングおいてその傾向が顕著に表れた。また4年生については、実践的な言語活動をしてみたいという気持ちが強くなっていることが見られた。こうした結果から、今後考えるべきこととして、学習意欲が下がってしまう原因を探ることや、実践的な言語活動を学べる科目を開設するこ

と等が挙げられる。

2.3. まとめ

　今回の自己評価、学習経験、学習ニーズの調査によって、学生が英語学習についてどのように考えているかが明らかになった。学習困難な領域や活動、活動（タスク）の経験および興味、関心について知ることが出来た。今回の調査で明らかになった、学習してきたにもかかわらず難しいと考えている項目については、教材の用い方や指導法の改善が必要となる。意欲が落ちてしまった項目については、動機付けを高める工夫がいる。また「出来る」レベルを4段階で調べた結果、バランスのよい発達段階を示しているものもあったが、「難しい」と「まあ出来る」とに二分化されてしまった発達状況を示しているものもあった。後者の場合は、学力別の指導や、教材、目標設定が必要となる。

　次章では文法に焦点を当て、それぞれの文法項目について習得している項目とそうでない項目を調査し、学生が自己評価の際に、「達成すべき項目」が分かるようにする。特に英語初学者に対しては「達成できた項目がない」のではなく、「目標とすべき項目が設定できた」あるいは「目標が明確になった」ことに気付かせることを目指す。

3．段階的な英語文法指導を目指した習熟実態の検証

　本章では、大学生を対象に英語文法能力調査を行い、どのような文法項目が学習者にとって難解であるのかその実態を検証し、得られた結果から、これまでの文法項目をその発達段階に合わせ細分化を行い、学習者に有益な能力記述文の作成と各段階に合わせた指導順序を提案することを目的とする。

3．1．予備調査

　調査を始めるにあたって、まず予備調査を行った。今回の調査対象者は、著者の担当科目の受講生 84 名のうちの 19 名である。まず 84 名を対象に行った英語学力調査の結果を示す。用いた試験は TOEIC-Bridge で、この試験は、TOEIC より問題数と実施時間が短くなっており、TOEIC の予想得点が 500 点未満の学習者を対象に、その習熟度を測ることを目的にしている。得られた結果を総合点、リスニング、リーディング別にそれぞれ表 15、16、17 に示す。

表 15　TOEIC-Bridge（総合点）

学年	人数	平均値	標準偏差	最低点	最高点
1	27	107.19	19.855	66	134
2	36	122.39	12.729	98	146
3	21	136.10	13.776	114	170
合計	84	120.93	18.924	66	170

表16 TOEIC-Bridge（リスニング）

学年	人数	平均値	標準偏差	最低点	最高点
1	27	54.67	10.288	22	66
2	36	62.06	6.075	50	78
3	21	66.76	8.306	54	88
合計	84	60.86	9.341	22	88

表17 TOEIC-Bridge（リーディング）

学年	人数	平均値	標準偏差	最低点	最高点
1	27	52.52	12.460	24	74
2	36	60.33	8.356	44	76
3	21	69.33	7.519	58	82
合計	84	60.07	11.489	24	82

統計処理を行った結果、学年間には有意な差がみられ学年を経るごとに成績が上がっていることが分かった（$F(2,81)=20.556$、$p<.001$）。表16と表17はそれぞれリスニング、リーディングの点を示しているが、どちらの平均点にも学年間で有意な差が見られた（$F(2,81)=13.580$、$p<.001$）、$F(2,81)=17.794$、$p<.001$）。

次に、総合点、リスニング、リーディングの得点分布をそれぞれ図13から図15に示す。縦軸の度数は人数を、横軸は得点を示す。

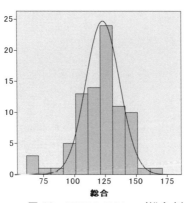

図13 TOEIC-Bridge（総合点）得点分布

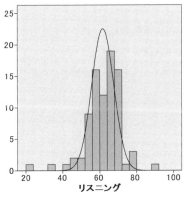

図14　TOEIC-Bridge（リスニング）得点分布

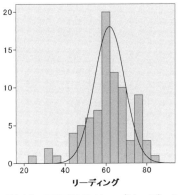

図15　TOEIC-Bridge（リーディング）得点分布

　これらの結果から、本調査に参加した学生を、1章で見た表2に照らし合わせると、A1のレベルに位置しているのが分かる。ただ3年生については、リスニングの平均点が66.76点と、表2で見たA2のレベルの最低点である64点をやや上回り、A2のレベルに届いたと言えよう。先述の「CEFR-J 研究開発チーム（代表：投野由紀夫）」の研究メンバーである東京外大の根岸雅史氏によれば、日本人の8割はAのレベルであると報告されているが、今回もそのような結果となった。

3.2. 調査方法

この調査には、*Basic Grammar in Use*（Third Edition）の Evaluation Test を用いた[6]。全部で 50 項目で、調査は 1 年生 19 名に対して行った。得られた結果を、問題の正答順に並べたものが表 18 である。

表 18　正答率順　文法項目

正答率（％）	項目
100	イディオム　make a mistake
100	最上級 most+ 形容詞
90	一般動詞・現在形・応答
90	過去形と共起する ago
90	not as…as
90	現在完了（否定）not…yet
90	頻度を表す副詞の位置
84	誘いを表す Would you like to…?
84	be 動詞の疑問文
84	一般動詞・現在形・疑問文
84	一般動詞・過去・疑問文
84	形容詞＋前置詞 afraid of
79	最上級 the best
79	be going to
79	副詞 well の位置
79	接続詞 because
79	be 動詞・進行形・疑問文
79	一般動詞・否定
79	現在完了（経験）
79	現在完了と共起する表現（since）
74	現在完了と共起する表現（yet）
74	不定詞（目的）
68	付加疑問
68	neither+V+S

6）http://www.cambridge.org/other_files/downloads/esl/giu/bgiu-evaluation/BGIU-ETest.pdf#search='basic+grammar+in+use+evaluation+test'）参照。

63	動名詞をとる動詞
63	most の使い方
63	enough＋名詞
58	所有格
58	数詞＋比較級
53	助動詞 have to
53	疑問詞を用いた疑問文
53	代名詞 each other
53	代名詞 one
47	相手の意向を尋ねる Would you like…?
47	条件
42	助動詞＋動詞の原形
42	There is 構文
42	否定疑問文
37	第4文型 tell
37	代名詞 them
26	過去と現在完了の違い
26	前置詞
21	far の比較級
21	would rather の否定
21	's のついた所有格
21	第4文型 give
21	動詞＋前置詞 fall off his bike
11	副詞と形容詞 well/badly
11	冠詞（数えられない名詞）
11	形容詞 a few/few

　これらの結果を見てみると、同じ文法項目においても難易度の異なるものがあることが分かる。例えば原級、比較級、最上級の項目では、mostを用いた表現（正答率100％）や原級を用いる表現（正答率90％）は問題が無いと言えるが、数詞を用いた比較級（e.g. two years older than me：正答率58％）や far の比較級（e.g. farther：正答率21％）が難しいという結果となった。例えばこうした項目を、能力記述文で表すとすると、表19のような形が考えられる。

表19　原級、比較級、最上級の能力記述文の例

レベル1	最上級を表すのに the most + 形容詞を用いて表現出来る。
レベル2	程度の違いを表すのに not as…as を用いて表現出来る。
レベル3	比較級、最上級を -er, -est 以外の不規則な形で表現出来る。
レベル4	比較級を表すのに数を表す言葉と一緒に用いることが出来る。

こうした観点からテストの50問を文法領域ごとに分類し、正答率順に並べ替えたのが次の表20である。

表20　文法領域別 正答率順文法項目

領域	正答率	項目	例
イディオム	100	イディオム	make a mistake
原級、比較級、最上級	100	最上級 most+ 形容詞	the most expensive city
	90	not as…as	not as expensive as
	79	最上級 the best	the best women's basketball player
	58	数詞＋比較級	two years older than me
	21	far の比較級	Is it much farther?
一般動詞	90	一般動詞・現在形・応答	Yes I do
	84	一般動詞・現在形・疑問文	What time do you get up?
	84	一般動詞・過去・疑問文	Did you have…?
	79	一般動詞・否定	Rob doesn't play the guitar…
be動詞、be going to を用いた表現	84	be動詞の疑問文	Where is Amy from?
	79	be going to	I'm going to watch it.
	79	be動詞・進行形・疑問文	What are the children doing?
	53	疑問詞を用いた疑問文	Which is the capital of Texas?
	42	否定疑問文 be going to	Why isn't Diana going to…?
過去形と現在完了	90	過去形と共起する ago	three years ago
	90	現在完了（否定）not…yet	The bus hasn't arrived yet.
	79	現在完了（経験）	I haven't been to Guatemala.
	79	現在完了と共起する表現	since
	74	現在完了と共起する表現	yet
	26	現在形と現在完了の違い	I left school in 2009.

副詞の位置	90	頻度を表す副詞の位置	I usually go out…
	79	副詞 well の位置	Sam speaks French very well
would like to を用いた応答文	84	誘いを表す表現	Would you like to go tonight?
	47	相手の意向を尋ねる表現	What time would you like to…?
	21	would rather の否定	I'd rather not
前置詞を用いた表現	84	形容詞＋前置詞	afraid of
	26	関係詞節内	The restaurant we ate at…
	21	動詞＋前置詞	fall off his bike
接続詞	79	接続詞	Because
不定詞、動名詞	74	不定詞（目的）	I went to the supermarket to buy…
	63	動名詞をとる動詞	enjoy + ing
付加疑問	68	付加疑問	You won't forget to …, will you?
enough	63	enough + 名詞	enough money
There is 構文	42	There is 構文	There isn't anything in the house…
助動詞	53	助動詞 have to	We had to walk home
	42	助動詞＋動詞の原形	I might go later
代名詞	63	most の使い方	most of the time in Seattle
	58	所有格	their dog
	53	代名詞 each other	see each other very often
	53	代名詞 one	I need to buy one
	37	代名詞 them	I can't find them anywhere
	21	's のついた所有格	parents' car
条件	47	条件	We will miss …if we don't…
項構造	37	Tell	Rob told me he was sick
	21	Give	…give Mark a nice present
形容詞と副詞	68	Neither+V+S	Neither have I
	11	副詞 well/badly	play well or badly
	11	形容詞 a few/few	few
	11	冠詞（数えられない名詞）	weather

　そして、複数の項目からなる領域について、正答率の高いものから低いものへと並べ替えてそれぞれのレベルで出来ることを文章化して能力記述文を作成した。以下の表21に示す。

表21 文法項目能力記述文

項目	レベル	記述
原級、比較級、最上級	レベル1	the most + 形容詞を用いて最上級を表現出来る。
	レベル2	程度の違いを表すのに not as…as を用いて表現出来る。
	レベル3	比較級、最上級の不規則形を表現出来る。
	レベル4	数を表す言葉と一緒に比較級を用いることが出来る。
一般動詞	レベル1	一般動詞（現在形）の疑問文に対して応答出来る。
	レベル2	一般動詞（現在形）の疑問文で尋ねることが出来る。
	レベル3	一般動詞（過去形）の疑問文で尋ねることが出来る。
	レベル4	一般動詞を用いて否定の文を作ることが出来る。
be動詞、be going to を用いた表現	レベル1	be動詞を用いて疑問文や動作の進行を表すことが出来る。
	レベル2	be going to を用いて未来のことを表すことが出来る。
	レベル3	疑問詞を用いて疑問文で尋ねることが出来る。
	レベル4	be going to を用いて否定疑問文で尋ねることが出来る。
過去形と現在完了	レベル1	ago を過去を表す文で使うことが出来る。
	レベル2	現在完了の否定形を yet を用いて表すことが出来る。
	レベル3	現在完了と共起する表現を使うことが出来る。
	レベル4	過去と現在完了を使い分けることが出来る。
副詞の位置	レベル1	頻度を表す副詞を正しい位置で使うことが出来る。
	レベル2	副詞 well を正しい位置で使うことが出来る。
would like to を用いた応答文	レベル1	would like to を用いて自分の気持ちを伝えることが出来る。
	レベル2	would you like を用いて誘いの表現を表すことが出来る。
	レベル3	would rather を用いて自分の気持ちを伝えることが出来る。
前置詞を用いた表現	レベル1	形容詞・動詞＋前置詞の表現を使うことが出来る。
	レベル2	関係詞節内で前置詞を使うことが出来る。
不定詞、動名詞	レベル1	不定詞を用いて目的を表すことが出来る。
	レベル2	動名詞をとる動詞を正しく使うことが出来る。
助動詞	レベル1	助動詞の過去の表現を使うことが出来る。
	レベル2	助動詞を動詞の原形の前で使うことが出来る。
代名詞	レベル1	most を正しく使うことが出来る。
	レベル2	代名詞 each other を正しく使うことが出来る。
	レベル3	代名詞 one や them を正しく使うことが出来る。
	レベル4	所有格を正しく言い表すことが出来る。
形容詞と副詞	レベル1	neither を用いて応答することが出来る。
	レベル2	よく似た表現を使い分けることが出来る。

一つの分類は3から4つのレベルから構成されているが、今回使用した問題のうち、接続詞、付加疑問文、there is 構文、条件、冠詞については、それぞれ1問しか問題がなかったため、複数のレベルとして分けることが出来なかった。

このようにレベル分けをして学習者に提示することにより、同じ文法項目でも習得に順序があることが分かり、レベルの低いものから高いものへと目標を設定して学習を続けることが出来ると考えられる。学生が自律した、成功する英語学習者になるためには、自己の学びへ向けた目標設定と振り返りおよびその評価を自分で行い、より良い学習方法を身につけていく必要がある。そのためには、自分は今どのレベルにいて、どの程度のことが出来るかを正確に把握する必要がある。この点において、英語能力記述文の作成は、そのためのツールになると考えられる。

3.3．本調査

本調査では、日本人英語学習者を対象として、大学生1年から4年までの99名に、英語文法能力についてのテストを行った。予備調査では、文法指導において従来同じ範疇に分けられている項目の中には、その習得において難しさの度合いがあることが分かった。本調査ではこの点について、調査対象を広げ検証していく。

3.3.1．調査方法

使用したテストは、予備調査と同様である。調査では、解答時間として40分程度を要した。各問題は3肢、または4肢からなる多肢選択方式である。マークシート用紙を用いて、データの回収、分析を行った。

調査対象者は、表22に示された母集団に属している。1年生から4年生まで、それぞれ140人、103人、103人、121人から構成されており、TOEIC の平均値は、学年順に1年生から順に、301.61点、312.28点、345.97点、及び352.45点となっている。

表22　調査の母集団の学生の英語力（TOEIC 得点）

学年	平均値	度数	標準偏差
1	301.61	140	86.73
2	312.28	103	85.54
3	345.97	103	101.35
4	352.45	121	82.56

今回の調査対象者は、この母集団からの表23の99名である。平均点は、326.83点で、初級レベルの学習者と位置づけられる。

表23　本調査参加者の英語力（TOEIC 得点）

学年	平均値	度数	標準偏差
1	386.60	25	111.39
2	275.74	34	66.23
3	367.78	22	105.97
4	304.36	18	66.77
平均	326.83	99	98.27

3.3.2. 調査結果

まずは調査項目について、その結果を問題の例と共に正答率の高い順に表24に示す。

表24　正答率順調査結果

項目	例	正答率
最上級の best	the best women's basketball player	92.93
過去形と共起する ago	Sue went to Canada three years ago	91.92
最上級 the most + 形容詞	Is Tokyo the most expensive city in the world?	91.92
副詞 well の位置	Sam speaks French very well.	91.92
一般動詞・現在形・応答	Yes, I do.	90.91
イディオム	make a mistake	89.90
現在完了と共起する表現（since）	They have lived in Canada since 1994.	87.88

項目	例	正答率
一般動詞・否定	Rob doesn't play the guitar very well.	86.87
一般動詞・過去・疑問文	Did you have a good vacation in California?	85.86
be 動詞の疑問文	Where is Amy from?	83.84
現在完了（否定）	The bus hasn't arrived yet.	83.84
誘いを表す表現	Would you like to go tonight?	82.83
程度を表す副詞の位置	I usually go out in the evenings.	81.82
不定詞（目的）	I went to the supermarket to buy some coffee.	80.81
be 動詞・進行形・疑問文	What are the children doing?	78.79
be going to	I'm going to watch it.	78.79
not as … as	My car was not as expensive as Peter's.	78.79
形容詞＋前置詞	A lot of small children are afraid of spiders.	77.78
数詞＋比較級	Nina is two years older than me.	75.76
現在完了と共起する表現（yet）	The taxi has not arrived yet.	74.75
動名詞をとる動詞	I really enjoy listening to music.	73.74
most の使い方	People think it rains most of the time in Seattle.	73.74
付加疑問	You won't forget to send me a postcard, will you?	71.72
所有格	Their dog is called Ruby.	71.72
接続詞 because	It was very cold because all the windows were open.	70.71
助動詞 have to	We missed the last bus so we had to walk home.	69.70
現在完了（経験）	I've been to Mexico, but I haven't been to Guatemala.	68.69
一般動詞・現在形・疑問文	What time do you usually get up in the morning?	66.67
enough＋名詞	Kim doesn't have enough money to buy the new dress she wants.	64.65
相手の意向を尋ねる表現	What time would you like to go shopping this evening?	61.62
neither V＋S	I haven't passed my driving test. Neither have I.	58.59
代名詞 each other	Kate and I don't see each other very often.	57.58
疑問詞を用いた疑問文	Which is the capital of Texas?	56.57
第4文型 tell	Rob told me he was sick.	47.47
There is 構文	There isn't anything in the house to eat.	44.44
過去・現在完了の違い	I left school in 2009	43.43
助動詞＋動詞の原形	I might go later.	43.43
否定疑問文 be going to	Why isn't Diana going to the party?	43.43

項目	例	正答率
条件	We will miss the plane if we don't leave now.	39.39
代名詞 them	Have you seen my car keys? I can't find them anywhere.	38.38
第4文型 give	I want to give Mark a really nice birthday present.	37.37
would rather の否定	Would you like to go out? I'd rather not.	36.36
関係詞節内の前置詞	The restaurant we ate at wasn't very good.	36.36
's のついた所有格	Is this your parents' car?	30.30
代名詞 one	These jeans are very old. I need to buy some new ones.	27.27
副詞 well/badly	Did your team play well or badly?	23.23
冠詞	Did you have good weather on your vacation?	22.22
far の比較級	Is it much farther to the airport?	20.20
動詞＋前置詞	John fell off his bike.	20.20
形容詞 few と a few	There were few seats left on the plane, and we got the last two.	19.19

表24で示されている様に、調査の結果、予備調査同様に、同じ文法領域に分類されている項目でも、難易度において差がある事が分かった。例えば、先に挙げた比較級の程度を強調する much の使い方を始め、疑問文のうち、否定疑問文（Why isn't Diana going to…?）に関する項目、過去と現在完了の使い分け、願望を表す would like to を用いた表現、助動詞（might, have to）、不可算名詞、代名詞等が難解な項目として挙げられる。

次節では、この結果を基に、同じ領域に属する項目について、正答率別に再分類を行うことにする。

3.3.3. 文法項目の再分類

ここでは、用いられた50のテスト項目を①否定文・疑問文、②原級、比較級、最上級、③代名詞、④現在完了と過去形、⑤ would を用いた願望表現、⑥助動詞、⑦所有格、⑧項構造の8つの領域別に分類し、それらを正答率の高い順に並べ替えを行うことにする。

3.3.3.1. 否定文・疑問文

　以下、表 25 から表 32 において、①否定文・疑問文、②原級、比較級、最上級、③代名詞、④現在完了と過去形、⑤ Would を用いた願望表現、⑥助動詞（must, might）、⑦所有格、⑧項構造の 8 つの項目ごとに、それぞれの項目内の問題の難易度をみていく。

表 25　否定文・疑問文（正答率順）

正答率	項目	例
87%	一般動詞・現在形・3人称単数・否定	Rob doesn't play the guitar very well.
86%	一般動詞・過去形・Yes/No 疑問文	Did you have a good vacation in California?
84%	be 動詞・現在形・wh 疑問文	Where is Amy from?
79%	現在進行形・wh 疑問文	What are the children doing?
67%	一般動詞・現在形・wh 疑問文	What time do you usually get up in the morning?

　先に見た予備調査同様、一般動詞、be 動詞を用いた疑問文、否定文については 60% の正答率と成っており、特に問題となる点がないと考えられる。

3.3.3.2. 原級、比較級、最上級

表 26　原級、比較級、最上級（正答率順）

正答率	項目	例
93%	最上級 the best	the best women's basketball player
92%	最上級 the + most + 形容詞	the most expensive city
79%	not as…as	My car was not as expensive as Peter's.
76%	数詞＋比較級	Nina is two years older than me.
21%	far の比較級	Is it much farther to the airport?

この項目についても予備調査同様に、far の比較級以外は問題がないと考えらえる。

3.3.3.3. 代名詞

表 27 代名詞（正答率順）

正答率	項目	例
74%	most の使い方	People think it rains most of the time in Seattle.
58%	代名詞 each other	Kate and I don't see each other very often.
38%	代名詞 them	Have you seen my car keys? I can't find them anywhere.
27%	代名詞 one	These jeans are very old. I need to buy some new ones.

代名詞の each other や them、one は予備調査同様に、難解な項目であるということが改めて示された。習得までに時間のかかる項目であると言える。

3.3.3.4. 現在完了と過去

表 28 現在完了と過去（正答率順）

正答率	項目	例
92%	過去形と共起する ago	Sue went to Canada three years ago.
88%	現在完了と共起する表現 since	They have lived in Canada since 1994.
84%	現在完了（否定）not…yet	The bus hasn't arrived yet.
75%	現在完了形・3人称単数・否定形	The taxi has not arrived yet.
43%	過去形・現在完了の使い分け	I left school in 2009

この結果も、予備調査と同様となった。日本語にはないテンスという概念が難しいことが、過去と現在完了の使い分けの難しさに現れたと言える。

3.3.3.5. would like to を用いた願望表現

表29 would を用いた願望表現（正答率順）

正答率	項目	例
83%	誘いを表す表現	Would you like to go tonight?
62%	相手の意向を尋ねる表現	What time would you like to go shopping this evening?
36%	would rather の否定	Would you like to go out? I'd rather not.

この結果も、ほぼ予備調査と同様になった。相手の意向を尋ねる表現は60%の正答率が示されたが、would rather を用いた表現はまだインプット量が十分ではないためか、習得出来る段階にまでは達していない。

3.3.3.6. 助動詞（must, might）

表30 助動詞（must, might）（正答率順）

正答率	項目	例
70%	助動詞 have to	Yesterday we missed the last bus so we had to walk home.
43%	助動詞 might + V 原形	I might go later.

助動詞の後ろに動詞の原形が用いられるという基本的な助動詞の使い方が、まだ習得に至っていないことを示す。指導の強化が必要となる文法領域である。

3.3.3.7. 所有格

表31　所有格（正答率順）

正答率	項目	例
72%	所有格	Their dog is called Ruby.
30%	'sのついた所有格	Is this your parents' car?

複数名詞の所有格の言い表し方に、まだ十分理解をしていない実態が現れた。予備調査と同様の結果となった。

3.3.3.8. 項構造に関するもの

表32　項構造（正答率順）

正答率	項目	例
48%	tell+目的語+(that)節	Rob told me he was sick.
37%	give+人+物	I want to give Mark a really nice birthday present.

動詞の項構造の習得は、構文の理解に重要であるが、今回のこの2例についても、十分は理解に至っていないことが判明した。この点についてもやはり予備調査と同じ傾向が示された。

　このように細分類を行うことで、学習者が困難に感じている項目が洗い出されることが分かる。上で挙げた8つの文法領域において、それらを構成している項目間の違いは、指導順序や指導時期について考える際に、有効であると思われる。また代名詞や項構造に関する項目については、全体的に正答率が低い点が示された。特に項構造については、文の構成の理解に関わる重要な項目であるが、こうした観点から文法教材の配列を考えることも必要である。

　ここで明らかになった習得の実態は、学習者から見ると、習ったけれど

も、理解できていないと言う状態を示していると思われる。新項目の指導の際に、それについての学習状況のレベルに達していいない場合には、習得までに時間を要することも十分に考えられる。次章ではこの指導と習得という観点から、CEFRにおける文法の扱いを見てみる。

３．３．４．文法指導におけるCEFRの資料

文法指導について参考となるCEFRの資料として、Core Inventory for General EnglishとEnglish Profile Programmeがある。根岸（2012）によると、前者は教える側からの視点で「指導の実態」と言え、後者のEnglish Profile Programmeは、学ぶ側からの視点で、「学習の結果」と言えるとしている。そしてこれら２つの資料を比較すると、一致している部分もあるが、一方で導入が早くても、習得まで時間がかかる項目があることが分かると述べている。

以下、3.3.4.1でCore Inventory for General English、3.3.4.2でEnglish Profile Programmeについて概観する。

３．３．４．１．Core Inventory for General English

CEFRでは学習者のレベルをA1からC1の６つに分けている。そしてその具体例として参考になるものとして、Core Inventory for General Englishがある。これは各レベルA1からC1ごとの英語の特性を記述し、具体的にどのようなことを教え、評価すべきかを示している。その示されている言語的内容の中の一つとして文法事項がある。以下にA1とA2レベルに分類された項目を挙げる。

A1レベル
① be動詞、疑問文（現在形）（be、一般動詞、wh疑問文）
② 現在形、現在進行形、過去形、be going to
③ I would like（to）、動詞+ing
④ 助動詞　can、cannot、Can I～?、Could I～?

⑤　所有格、所有代名詞、所有の 's
⑥　比較級、最上級

A2 レベル
①　疑問文（過去形、現在完了形）（一般動詞、wh 疑問文）
②　現在形、現在進行形、過去形、過去進行形、be going to、未来を表す現在進行形、現在完了形
③　動詞 +ing、不定詞
④　助動詞　can、cannot、Can I ～ ? 、Could I ～ ?、might、may、must、have to、should
⑤　所有格、所有代名詞、所有を表す表現
⑥　比較級を強める表現、最上級
⑦　限定詞　all、none、not（any）、enough、(a) few
⑧　条件

これらを見ると、今回の調査項目は、ほぼ A1 と A2 のレベルに当てはまると考えられる。今回の調査では、A2 レベルの、助動詞や、所有格などが難解な項目であったことが分かった。

3.3.4.2．English Profile Programme

　もう一つ CEFR のレベルを記述したものに English Profile Programme がある。これはケンブリッジ英検の受験者データが基となっていて、文法、機能、語彙の３つの領域を扱っている。文法については、学習者が使っている文法項目を CEFR レベル（A2 ～ C2）毎に記述している。先ほどの Core Inventory が指導という観点からまとめられているとすると、この English Profile は学習者の立場からの観点であるといえ、両者を比べることにより、指導の時期と習得の実態の関係を見る事ができる。根岸（2012）に基づいてこの点を以下に述べる。根岸（2012：29）は、例えば受動態では、Core inventory では B2 レベル、English profile では C1

レベルとされていると指摘している。一方、日本では中学2年で導入されており、B2とは異なる。また間接話法については、Core inventory ではB1、English profile ではB2とされており、習得まで時間がかかる事が分かるとしている。さらに、比較級、最上級では、Core inventory ではA1レベルであるが、English profile ではB2からC1にかけて誤りが減少していると指摘している。今回の調査では、比較級の強調の項目の正答率が低い事が分かったが、習得のレベルまでには時間がかかる一つの例として考えられる。また冠詞は、Core Inventory ではA2レベルとされているが、English Profile ではC2レベルに到達するにつれて、誤りが減少していくとされ、習得までかなりの時間がかかる事が分かる。さらにみると、代名詞や不定代名詞の one はA2からB1へかけて誤用が減少する項目とされているが、今回の調査では、表33で分かるように、その正答率をみるとA1レベルの学習者には難しい項目であると言える。

表33　A2-B1へかけて誤用が減少する項目

正答率	項目	問題文
38%	代名詞 them	Have you seen my car keys? I can't find them anywhere.
27%	不定代名詞 one	These jeans are very old. I need to buy some new ones.

また表34は English Profile において B2 から C1 へかけて誤用が減少する項目を挙げたが、やはり今回の調査対象の学習者にとってまだ習得レベルに達していない事が示されている。

表34　B2-C1へかけて誤用が減少する項目

正答率	項目	問題文
48%	tell+目的語+(that)節	Rob told me he was sick.
36%	関係詞節内の前置詞	The restaurant we ate at wasn't very good.
19%	形容詞 few と a few	There were a few seats left on the plane, and we got the last two.

3.3.5. 段階的な文法能力を示す能力記述文の作成

以上、学習者の文法習得の実態を見てきたが、今後は、文法項目を段階的に学習者に示す必要があると思われる。これらの結果を基に、以下に具体的な能力記述文を示す。

表35 否定文、疑問文、否定疑問文の能力記述文

レベル1	一般動詞の否定文や yes/no 疑問文を用いることが出来る。
レベル2	現在進行形の wh 疑問文を用いることが出来る。
レベル3	一般動詞の現在形の wh 疑問文を用いることが出来る。
レベル4	現在進行形の wh 疑問文を否定文で用いることが出来る。

表36 原級、比較級、最上級の能力記述文

レベル1	the most + 形容詞を用いて程度が最も高い状態を表現出来る。
レベル2	程度の違いを表すのに not as…as を用いて表現出来る。
レベル3	数を表す表現と一緒に比較級を用いることが出来る。
レベル4	比較級の程度を強調する表現を much を用いて表現出来る。

表37 過去形と現在完了形の能力記述文

レベル1	ago を用いて過去を表す出来事を伝えることが出来る。
レベル2	現在完了と共起する表現（e.g. since）を正しく使うことが出来る。
レベル3	現在完了の否定形を yet を用いて表すことが出来る。
レベル4	過去形、現在完了と共起する時間表現を使い分けることが出来る。

表38 would を用いた願望表現の能力記述文

レベル1	would like を不定詞と共に使い、自分の願望を表すことが出来る。
レベル2	would you like を用いて、相手に対して、誘いの気持ちを表すことが出来る。
レベル3	Wh疑問文で would you like を用いて、相手に対して、誘いの気持ちを表すことが出来る。
レベル4	would rather (not) を用いて自分の願望を表す(表さない)ことが出来る。

3.4. まとめ

　今回の調査では、学習者の文法習得の実態を示したが、今後は今回作成した能力記述文を評価へ向けても活用し、学習者に何が出来て何が出来ないかを明確に提示する必要がある。言い換えれば、学習者が自分で出来るスモールステップの評価作りを目指し、学習者自身が、振り返りから、次回の学習の目標設定する、いわゆる円滑なPDCAサイクルを目指し、「学習の習慣化」を目指した自律した学習者へと成長するためのよりよいツール作りが求められると考えられる。

4．ニューラルテスト理論を用いた英語文法習得実態の分析

　本章では、英語文法の習得の実態をニューラルテスト理論を用いて分析し、習得段階の過程を示す。

4．1．調査方法
　今回対象としたのは、大学生 1 年生から 4 年生までの 217 名で、すべて英語を専攻とする学生である。その内訳は、1 年 159 人、2 年 36 人、3 年 12 人、4 年 10 人である。用いたテストは、*English Grammar in Use*（Third Edition）Level Test[7]である。このテストは 50 問からなり、3 肢又は 4 肢選択問題となっている。今回の調査での解答時間は 30 分と設定した。

4．2．分析方法
　分析に用いたニューラルテスト理論は、潜在ランク理論とも呼ばれ、荘島宏二郎氏により開発されたテスト理論である[8]。使用したソフトウェアは Exametrika（version 5.4）である[9]。この理論では、学力を連続尺度ではなく順序尺度によって測る。そしていわゆる学力レベルを、段階評価による「潜在ランク」によって表す。この潜在ランクが示す概念は、「学力レベル」「到達度」「能力ステージ」「学習ステップ」と呼ばれるものと同

---

7) www.cambridge.org/elt/inuse/pdfs/EGU_test.pdf 参照。
8) www.rd.dnc.ac.jp/~shojima/ntt/jindex.htm 参照。
9) www.rd.dnc.ac.jp/~shojima/exmk/index.htm 参照。

様に理解しても良い。このランクにより、各段階ごとの学習者のレベルを明らかにする事が出来、各段階でどういった事が出来るのかを能力記述文により記述する事が出来る。この点で、本調査の目的である能力記述文作成の支援ツールとこの理論を用いることにした。

　この理論によって得られる指標が幾つかあるが、そのうちの一つに「項目参照プロファイル（Item Reference Profile, IRP）」がある。これはそれぞれの潜在ランクの学習者がそれぞれの項目に正答する確率を示すものである。問題ごとに正答率が示され、どのような項目が出来ているか、または出来ていないかを知る事が出来る。ランク間の正答確率が大きいと識別力が高くなり（図16）、逆にランク間の正答確率が小さいと識別力が低くなる（図17）。さらに困難度の点からみると、図18、19はそれぞれ、困難度が低い問題と高い問題を示していると言える。

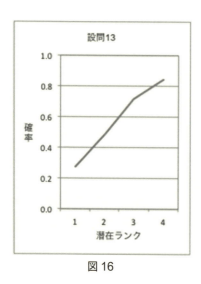

図16

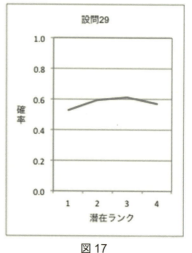

図17

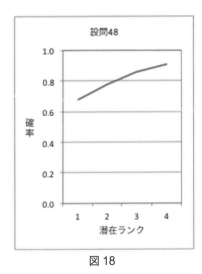
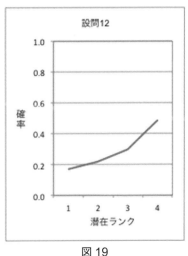

図 18　　　　　　　　　　図 19

　それぞれの図において、横軸は潜在ランク数を示しており、今回は1から4までの4つのランクを設定した。縦軸はそれぞれの問題に正答する確率を示している。例えば図 16（助動詞 should）では、ランク1ではその正答率は低いがランクが上がるごとに、正答率が上がっていることがわかる。一方で図 17（複数名詞 jeans）ではランクが上がっても正答率が上がっておらず、調査項目としては識別力において問題があることが分かる。

　また図 18 は困難度がランク1の学習者でも、その正答率が6割を超えており、易しい項目であると言える（例 look forward to）。一方で図 19 はランク4の学習者でも正答率が5割程度と難解な項目であることを示している（例　助動詞＋現在完了）。

　図 20 は「テスト参照プロファイル」を示す。横軸は潜在ランク、縦軸はそれぞれのランクの学習者の期待得点を示している。今回用いたテストは 50 点満点であるが、ランク3の学習者が 25 点を超えて得点できることを示している。

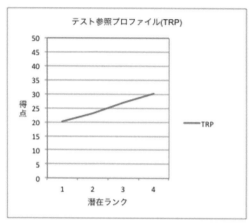

図20　テスト参照プロファイル

4.2.1. 調査結果

受験者217名に対する全体的な結果として、平均点25.023点（50点満点）、標準偏差5.819、最低点10点、最高点38点となった。表39に正答率順の調査結果の全体を示す。

表39　正答率順　調査結果

問題番号	項目	正答率
設問16	受動文	0.806
設問48	look forward to	0.802
設問5	for + 期間	0.770
設問27	冠詞	0.737
設問21	allow + O + to	0.733
設問38	比較級	0.724
設問6	過去完了	0.714
設問1	現在形	0.696
設問25	分詞構文	0.687
設問35	関係代名詞	0.664
設問2	過去進行形	0.636

設問 31	there is 構文	0.631
設問 8	未来形 will	0.608
設問 32	否定 + any	0.599
設問 13	should + V 原形	0.571
設問 29	所有格	0.571
設問 18	tell + 人 + (that)	0.567
設問 19	間接疑問	0.562
設問 7	used to + V 原形	0.553
設問 24	be afraid of	0.544
設問 33	few と a few の区別	0.539
設問 3	現在完了	0.539
設問 47	happen to	0.530
設問 26	不定冠詞 some	0.525
設問 43	in + 時間	0.512
設問 42	during + 時間	0.488
設問 11	仮定法過去	0.470
設問 40	in spite of	0.470
設問 14	条件	0.447
設問 50	let 〜 down	0.447
設問 15	仮定法過去完了	0.442
設問 36	分詞修飾	0.442
設問 23	prevent 構文	0.438
設問 20	付加疑問文	0.424
設問 49	work out	0.406
設問 10	助動詞の過去	0.406
設問 30	by oneself	0.406
設問 9	未来進行形	0.401
設問 41	as long as	0.378
設問 37	hardly	0.373
設問 4	現在完了進行形	0.364
設問 39	even	0.359
設問 34	neither	0.346

設問 17	have + O + pp	0.313
設問 22	needn't + have + pp	0.300
設問 12	複数扱いの名詞 jeans	0.276
設問 28	in the end	0.258
設問 44	副詞 home	0.092
設問 46	excited about	0.157
設問 45	arrive home	0.092

4．2．2．項目参照プロファイル

　調査結果全体の「項目参照プロファイル」を表 40 に示す。今回使用した分析においては、あらかじめ全体の調査対象のグループ分け（ランク分け）の数を自分で決めることが出来る。本調査ではランク数を 4 と指定した。分析の結果 4 つの潜在ランクの人数は、それぞれ 53 人、58 人、56 人、50 人となった。

　そして 50 の調査項目は、①平均点が 8.0 以上の項目（表中の最も色の濃い部分）、② 0.6 以上から 0.8 未満の項目（表中の次に濃い部分）、③ 0.4 以上から 0.6 未満の項目（表中の最も色の薄い部分）、④ 0.4 未満の項目（表中の色の無い部分）に分類された。なお調査項目は表 39 が示すように 50 問あるが、そのうち、識別力の低い 17 の項目については、表 40 から除外したため、全体で 33 の項目と成っている。

　ランクの数は 1 から 4 へ行くほど、学力が高くなる事を示すが、ランク 1 の学習者は問題の半数以上について、正答率が 0.4 以下となった。ランク 2 の学習者は平均点が 0.8 以上の項目は 1 つのみで、0.4 から 0.6 の項目が最も多い。ランク 3 の学習者は 0.6 以上の項目が増えてきているが、それ以下の項目もまだ多い。ランク 4 の学習者になるとほとんどが 0.6 以上の項目となった。ただし 0.4 以下の項目も 3 つ残った。

表40　テスト問題の項目参照プロファイル

問題番号	項目	正答率	Rank 1 (n=53) 正答率 0.4未満	Rank 2 (n=58) 正答率 0.4-0.6	Rank 3 (n=56) 正答率 0.6-0.8	Rank 4 (n=50) 正答率 0.8以上
設問 16	受動文	0.806	0.644	0.807	0.898	0.908
設問 48	look forward to	0.802	0.676	0.779	0.858	0.910
設問 5	for + 期間	0.770	0.590	0.716	0.852	0.934
設問 27	冠詞	0.737	0.576	0.724	0.831	0.848
設問 21	allow + O + to	0.733	0.534	0.681	0.823	0.909
設問 38	比較級	0.724	0.453	0.645	0.863	0.959
設問 6	過去完了	0.714	0.593	0.617	0.758	0.876
設問 1	現在形	0.696	0.551	0.625	0.744	0.862
設問 25	分詞構文	0.687	0.544	0.620	0.758	0.832
設問 35	関係代名詞	0.664	0.547	0.667	0.723	0.740
設問 2	過去進行形	0.636	0.487	0.564	0.705	0.792
設問 31	there 構文	0.631	0.535	0.543	0.647	0.781
設問 32	否定 + any	0.599	0.446	0.553	0.668	0.738
設問 13	should + V 原形	0.571	0.276	0.480	0.714	0.840
設問 19	間接疑問	0.562	0.348	0.508	0.660	0.753
設問 7	used to	0.553	0.425	0.571	0.606	0.634
設問 24	afraid of	0.544	0.321	0.451	0.632	0.775
設問 33	a few	0.539	0.486	0.544	0.588	0.556
設問 3	現在完了	0.539	0.291	0.416	0.627	0.819
設問 47	happen to	0.530	0.270	0.442	0.657	0.770
設問 26	some	0.525	0.351	0.505	0.629	0.648
設問 43	in + 時間	0.512	0.444	0.392	0.501	0.671
設問 42	during + 時間	0.488	0.370	0.419	0.508	0.644
設問 11	仮定法過去	0.470	0.309	0.409	0.485	0.666
設問 15	仮定法過去完了	0.442	0.300	0.382	0.473	0.607
設問 23	prevent 構文	0.438	0.253	0.405	0.487	0.616
設問 20	付加疑問文	0.424	0.281	0.339	0.450	0.611
設問 9	未来進行形	0.401	0.394	0.372	0.391	0.434
設問 17	have + O + pp	0.313	0.285	0.226	0.276	0.427
設問 12	助動詞+have+pp	0.300	0.171	0.222	0.298	0.487
設問 28	jeans	0.276	0.189	0.253	0.327	0.348
設問 44	in the end	0.258	0.203	0.228	0.269	0.327
設問 45	副詞 home	0.092	0.106	0.100	0.099	0.067

4.2.3. ランク別習得状況

表40で示された結果を基に、ここでは平均点が0.6以上の項目を習得できた項目とする。そして以下に、ランク毎に習得できたとされる項目をそれぞれ示す。

ランク1　受身文、look forward to ～
ランク2　for + 期間を表す表現、冠詞、allow + 人 + to 構文、比較級、過去完了、現在形、分詞構文、関係代名詞
ランク3　過去進行形、there is 構文、any、should、間接疑問文、used to、be afraid of、現在完了、happen to、some
ランク4　in + 時間を表す表現、during + 期間を表す表現、仮定法過去、仮定法過去完了、prevent を用いた構文、付加疑問文

一方でランク4においてもまだ習得が難しい項目として、未来進行形、have + O + 過去分詞、助動詞 + 現在完了があった。さらに、図16のようにランク間の違いを示す識別力が低く、どのランクの学習者にとっても難易な項目があった。

4.3. まとめ

本調査から、学習者は調査項目のうち、基本的な用法の問題については、ランクが上がるごとにその習得状況も上がっている事が分かったが、どのランクの学習者にも同様に難しい項目が複数ある事も分かった。今回の調査では、文法項目が50と限られており、全ての文法範疇を扱うことができなかった。しかしながら、例えば時制の観点から見てみると、現在形、過去完了、過去進行形、仮定法過去、仮定法過去完了の順で習得が進んでいることが示唆された。一方で、今回の調査対象の学習者全体について、習得が困難だとされる項目が多く残った。例えば、文脈に適した現在完了の使い方や、未来進行形が時制の問題として残った。調査対象を今後広げて、継続的に調べる必要がある。

参考文献

Council of Europe (2001). *Common European Framework of References for Languages: Learning, Teaching, Assessment.* Cambridge: Cambridge University Press.

North,B.,Ortega,A.,& Sheehan,S. (2010). *Core Inventory for General English.* British Council/EAQUALS. (http://www.teachingenglish.org.uk/sites/teacheng/files/Z243%20E&E%20EQUALS%20BROCHURErevised6.pdf.)

福田浩子(2007).「自律的な言語学習に向けて-茨城大学総合英語レベル2での試み-」茨城大学人文学部紀要『人文コミュニケーション学科論集』, 2, 253-273.

福田浩子(2009).「日本の英語教育におけるCEFRの応用の可能性」茨城大学人文学部紀要『人文コミュニケーション学科論集』, 6, 25-41.

小池生夫(2008a).「国際基準を見据えた英語教育-国際的な危機に対応する小池科研の研究成果と提言」『英語展望』, 117, 14-19.

小池生夫(2008b).「グローバル時代における日本人の英語コミュニケーションの到達目標のナショナル・スタンダード化を目指して」,『応用言語学研究:明海大学大学院応用言語学研究科紀要』, 10, 55-65.

小池生夫(2009).「CEFRと日本の英語教育の課題」『英語展望』, 116, 14-17.

真嶋潤子(2007).「言語教育における到達度評価制度に向けて-CEFRを利用した大阪外国語大学の試み」.『間谷論集』(大阪外国語大学日本語日本文化教育研究会), 1, 3-27.

長沼君主(2008).「Can-do尺度はいかに英語教育を変革しうるか-Can-do研究の方向性」『ARCLE REVIEW』, 2, 50-77.

長沼君主(2009).「Can-Do評価-学習タスクに基づくモジュール型シラバス構築の試み」『東京外国語大学論集』, 79, 87-106.

長沼君主・宮嶋万里子(2006).「清泉アカデミックCan-Doフレームワーク構築の試みとその課題と展望」『清泉女子大学紀要』, 54, 43-61.

長沼君主・宮嶋万里子(2007).「英語必修化に伴う大学英語教育カリキュラム改革〜英語学習状況・ニーズ調査から英語Can-Do調査へ〜」『第46回(2007年度)JACET全国大会要綱』, 46-47.

根岸雅史(2012)「英語のCEFR参照レベル記述のための2つのアプローチ:

Core Inventory と English Profile Programme」科学研究費補助金 基盤研究 B 研究プロジェクト報告書（「EU および日本の高等教育における外国語教育政策と言語能力評価システムの総合的研究」23-30.）http://www.tufs.ac.jp/common/fs/ilr/EU_kaken/_userdata//negishi1.pdf

佐藤恭子(2011).「多様化する英語学習者のニーズに応えるための実践 – e ラーニングと対面授業を融合させたブレンド学習を用いて」『追手門学院大学学習支援・教育開発センター年報』, 1, 25-32.

佐藤恭子（2012）.「清泉アカデミック Can-Do 尺度」を用いた自己評価の試み－4 技能別英語力、学習経験、学習ニーズを中心に－」追手門学院大学『英語文化学会論集』, 21, 21-43.

佐藤恭子（2013）.「英語文法能力の習得実態調査 – 能力記述文（can-do statements）」の作成へ向けて－」『追手門学院大学学習支援・教育開発センター年報』, 3, 21-27.

佐藤恭子（2016a）.「段階的な英語文法指導を目指した習熟実態の検証」追手門学院大学『英語文化学会論集』25, 15-26.

佐藤恭子（2016b）.「ニューラルテスト理論を用いた英語文法能力調査」大学教育研究フォーラム第 22 回大会（京都大学）2016年3月17日

荘島宏二郎.（2010）.「ニューラルテスト理論－学力を段階評価するための潜在ランク理論」植野真臣・荘島宏二郎(編)『学習評価の新潮流』(pp.83-111). 東京：朝倉書店.

投野由紀夫（編）.（2013）.『CAN-DO リスト作成・活用 英語到達度指標 CEFR-J ガイドブック』. 東京：大修館書店.

吉島茂・大橋理枝（他）（2004）.『外国語教育 II 外国語の学習，教授，評価のためのヨーロッパ共通参照枠』. 東京：朝日出版社.

参考資料

English Profile: Introducing the CEFR for English-Information Booklet (http://www.englishprofile.org/images/pdf/eng_pro_information_booklet.pdf)

English Profile: Introducing the CEFR for English. Version 1.1 UCLES / CUP(http://www.englishprofile.org/images/pdf/theenglishprofilebooklet.pdf)

参考資料
「清泉アカデミック Can-Do 尺度」（長沼他 2006：58-61）

A　スピーキング［speaking］

①高校の教科書レベルの短いテキストを読んで、その内容を英語で説明できる。
- □ a. テキストやメモを見ながらでも、説明するのが難しい。
- □ b. テキストやメモを見ながらであれば、なんとかゆっくり説明できる。
- □ c. テキストやメモを見ないでも、メモがあれば大体説明できる。
- □ d. テキストやメモを見ないでも、大体説明できる。

…今までに経験をしたことが、□ a. ある　□ b. ない
…機会があれば、□ a. 進んで学習したい　□ b. できれば学習したい
　　　　　　　□ c. あまり興味がない

②映像資料を使いながら、よく知っている話題に関するプレゼンテーションができる。
- □ a. メモや原稿を見ながらでも、つっかえながらの説明となってしまう。
- □ b. テキストやメモを見ながら、なんとかつっかえずに説明できる。
- □ c. グループやペアでなら、テキストやメモを見ないでもつっかえずに説明できる。
- □ d. 一人でも、メモや原稿を見ないでつっかえずに説明できる。

…今までに経験をしたことが、□ a. ある　□ b. ない
…機会があれば、□ a. 進んで学習したい　□ b. できれば学習したい
　　　　　　　□ c. あまり興味がない

③授業で練習した表現を使って、日常的な話題に関してペアで会話（ロールプレイ）ができる。
- □ a. 台本を読んでしまいがちで、つっかえながらの会話となってしまう。
- □ b. 台本を見ながらであれば、なんとか相手の顔を見てつっかえずに会話ができる。
- □ c. 練習した会話であれば、あまり台本に頼らずに相手の顔を見て自然な会話ができる。
- □ d. それまで学習してきた表現を交えて、相手の顔を見ながらある程度の長さの自然な会話ができる。

…今までに経験をしたことが、□ a. ある　□ b. ない
…機会があれば、□ a. 進んで学習したい　□ b. できれば学習したい
　　　　　　　　□ c. あまり興味がない

④よく知っている話題に関して、数人のグループで会話（ディスカッション）ができる。
- □ a. 授業内でワークシートを使って準備をした上でも、会話に参加するのが難しい。
- □ b. 授業内でワークシートを使って準備をすれば、なんとか会話に参加することができる。
- □ c. 授業内でワークシートを使って準備をすれば、積極的に会話に参加することができる。
- □ d. 授業内でワークシートを使って準備をすれば、積極的に会話に参加でき、議論をリードできる。

…今までに経験をしたことが、□ a. ある　□ b. ない
…機会があれば、□ a. 進んで学習したい　□ b. できれば学習したい
　　　　　　　　□ c. あまり興味がない

⑤日常的な場面を描いた4コマの絵を見て、その内容を英語で説明できる。
- □ a. 部分的にしか説明できず、ストーリーの内容を伝えられない。

□ b. 時間の前後関係や人物関係は正確ではないが、なんとか説明できる。
□ c. 時間の前後関係や人物関係は正確ではないところもあるが、起承転結をふまえて説明できる。
□ d. 時間の前後関係や人物関係に問題なく、細部まで具体的に説明できる。
…今までに経験をしたことが、□ a. ある　□ b. ない
…機会があれば、□ a. 進んで学習したい　□ b. できれば学習したい
　　　　　　　　□ c. あまり興味がない

B　リスニング［listening］
① 日常的な話題や関心のあるテーマのニュースや映画などを英語で聞いて理解できる。
□ a. 英語のスクリプト（台本）やサブタイトル（字幕）があっても理解するのが難しい。
□ b. 英語のスクリプト（台本）やサブタイトル（字幕）があれば、ある程度理解できる。
□ c. 英語のスクリプト（台本）やサブタイトル（字幕）なしでも、ある程度理解できる。
□ d. 英語のスクリプト（台本）やサブタイトル（字幕）なしでも、ほとんど理解できる。
…今までに経験をしたことが、□ a. ある　□ b. ない
…機会があれば、□ a. 進んで学習したい　□ b. できれば学習したい
　　　　　　　　□ c. あまり興味がない

② 日常的な話題に関する英語を聞いて理解することができる。
□ a. 比較的ゆっくりと話された会話でも、原稿を見ないと理解が難しい。
□ b. 比較的ゆっくりと話された会話であれば、何回か聞けば理解できる。
□ c. ネイティブが普通に会話する程度の速さでも、何回か聞けば理解できる。

☐ d. ネイティブが普通に会話する程度の速さでも、1回聞いただけで理解できる。
…今までに経験をしたことが、☐ a. ある　☐ b. ない
…機会があれば、☐ a. 進んで学習したい　☐ b. できれば学習したい
　　　　　　　☐ c. あまり興味がない

③あまり専門的でない内容に関する、比較的ゆっくりとした英語の説明を聞いて理解できる。
☐ a. 板書や資料があっても、メモを取るのが難しく部分的な理解となってしまう。
☐ b. 板書や資料があれば、メモを取りながらなんとか話の流れを理解することができる。
☐ c. 板書や資料があれば、メモを取りながら話の中で重要な部分を判断し理解することができる。
☐ d. 板書や資料がなくても、メモを取りながら重要な部分に加えて細部まで理解することができる。
…今までに経験をしたことが、☐ a. ある　☐ b. ない
…機会があれば、☐ a. 進んで学習したい　☐ b. できれば学習したい
　　　　　　　☐ c. あまり興味がない

④授業中に教師が話す英語を聞いて理解できる。
☐ a. 簡単な指示などであっても、理解するのが難しい。
☐ b. 簡単な指示などであれば、大体理解できる。
☐ c. ある程度複雑な指示や解説などであっても、大体理解できる。
☐ d. 授業中に話される程度の内容であれば、問題なく理解できる。
…今までに経験をしたことが、☐ a. ある　☐ b. ない
…機会があれば、☐ a. 進んで学習したい　☐ b. できれば学習したい
　　　　　　　☐ c. あまり興味がない

⑤日常的な生活上での英語（駅のアナウンス、店でのやりとり）を聞いて、必要な情報が理解できる。
☐a. よく耳にする英語であっても、理解するのが難しい。
☐b. よく耳にする英語であれば、問題なく理解することができる。
☐c. 聞きなれない内容であっても、なんとか理解することができる。
☐d. どのような内容であっても、大体理解することができる。
…今までに経験をしたことが、☐a. ある　☐b. ない
…機会があれば、☐a. 進んで学習したい　☐b. できれば学習したい
　　　　　　　☐c. あまり興味がない

C　リーディング [reading]
①日常的に接する英語で書かれたテキスト（広告、雑誌、新聞等）を読んで、必要な情報が理解できる。
☐a. よく目にする英語であっても、理解するのが難しいことがある。
☐b. よく目にする英語であれば、問題なく理解することができる。
☐c. 見なれない内容であっても、なんとか理解することができる。
☐d. どのような内容であっても、大体理解することができる。
…今までに経験をしたことが、☐a. ある　☐b. ない
…機会があれば、☐a. 進んで学習したい　☐b. できれば学習したい
　　　　　　　☐c. あまり興味がない

②高校の教科書レベルの短いテキストを、ある程度の速さで読むことができる。
☐a. 読むスピードが遅く、内容もあまり覚えていない。
☐b. 読むスピードは比較的ゆっくりだが、内容は大体覚えている。
☐c. ある程度の速さで読むことができるが、内容を覚えていないところがある。
☐d. ある程度の速さでよむことができ、内容も覚えている。
…今までに経験をしたことが、☐a. ある　☐b. ない

…機会があれば、□ a. 進んで学習したい　□ b. できれば学習したい
　　　　　　　　□ c. あまり興味がない

③ある程度の長さの構成のはっきりとした英文を読んで、理解できる。
□ a. パラグラフの中の文のつながりを理解するのが難しい。
□ b. パラグラフの中の文のつながりは分かるが、全体の流れを理解するのが難しい。
□ c. パラグラフの内容を理解することができ、全体の流れもある程度理解することができる。
□ d. パラグラフの内容を細部まで理解することができ、全体の流れも適切に理解することができる。
…今までに経験をしたことが、□ a. ある　□ b. ない
…機会があれば、□ a. 進んで学習したい　□ b. できれば学習したい
　　　　　　　　□ c. あまり興味がない

④辞書を引かずに英語の物語やエッセイを読むことができる。
□ a. 辞書を引いても、注釈や説明に頼らなければよく理解できないところが多い。
□ b. 辞書を引きながらであれば、注釈や説明に頼らなくても何とか理解することができる。
□ c. 辞書を引かなくても、ある程度推測しながら読み飛ばして理解することができる。
□ d. 辞書を引かなくても、大体の意味を推測しながら、細部まで理解することができる。
…今までに経験をしたことが、□ a. ある　□ b. ない
…機会があれば、□ a. 進んで学習したい　□ b. できれば学習したい
　　　　　　　　□ c. あまり興味がない

⑤高校の教科書レベルの短いテキストを音読することができる。
□a.「モデル音声を何回か聞いても、つっかえずに自然に読むのが難しい」
□b.「モデル音声を1回聞けば、つっかえずに自然に読むことができる」
□c.「モデル音声を聞かなくても、1回黙読をすればつっかえずに自然に読むことができる」
□d.「モデル音声を聞かず、あらかじめ黙読をしないでもつっかえずに自然に読むことができる」
…今までに経験をしたことが、□a. ある　□b. ない
…機会があれば、□a. 進んで学習したい　□b. できれば学習したい
　　　　　　　□c. あまり興味がない

D　ライティング［writing］
①英語で書いた原稿を見て、自分で文法的な誤りを直すことができる。
□a. 自分の書いた原稿を見直しても、どこが悪いのかわからない。
□b. 自分の書いた原稿を見直して、文法的に正しくないところは分かるが、直すことができない。
□c. 自分の書いた原稿を見直して、辞書や参考書などを見ながらある程度直せる。
□d. 自分の書いた原稿を見直して、辞書や参考書などを見ながらほとんど程度直せる。
…今までに経験をしたことが、□a. ある　□b. ない
…機会があれば、□a. 進んで学習したい　□b. できれば学習したい
　　　　　　　□c. あまり興味がない

②高校の教科書レベルの英語を聞いて、メモを取った上で英語で要約することができる。
□a. ゆっくりとした速さの英語を区切って聞いても、要約することが難しい。
□b. ゆっくりとした速さの英語を区切って聞けば、なんとか要約するこ

とができる。
- □ c. 自然な速さの英語であっても区切って聞けば、なんとか要約することができる。
- □ d. 自然な速さの英語であっても区切って聞かずに、要約することができる。

…今までに経験をしたことが、□ a. ある　□ b. ない
…機会があれば、□ a. 進んで学習したい　□ b. できれば学習したい
　　　　　　　　□ c. あまり興味がない

③英語で一貫したまとまりのある文章を書くことができる。
- □ a. まとまりのある文章を書くのが難しい。
- □ b. ある程度理由や具体例をあげることができるが、一貫した文章を書くのが難しい。
- □ c. 理由や具体例をあげながら、なんとか一貫した文章を書くことができる。
- □ d. 適切に理由や具体例をあげながら、構成のはっきりとした一貫した文章を書くことができる。

…今までに経験をしたことが、□ a. ある　□ b. ない
…機会があれば、□ a. 進んで学習したい　□ b. できれば学習したい
　　　　　　　　□ c. あまり興味がない

④英語で出来事や状況を説明する文章を書くことができる。
- □ a. 自分に関することや日常的な出来事であっても、書くのが難しい。
- □ b. 自分に関することや日常的な出来事であれば、なんとか書くことができる。
- □ c. あまり身近でないことについても、状況をある程度説明しながら書くことができる。
- □ d. あまり身近でないことについても、心情を交え、状況を詳しく説明しながら書くことができる。

…今までに経験をしたことが、☐a. ある　☐b. ない
…機会があれば、☐a. 進んで学習したい　☐b. できれば学習したい
　　　　　　　☐c. あまり興味がない

⑤知人や友人、先生からの英語のメールを読んで、返事を書くことができる。
☐a. 予定を伝える、相手を誘うなどのよくある用件であっても、返事をすることが難しい。
☐b. 予定を伝える、相手を誘うなどのよくある用件であれば、なんとか返事をすることができる。
☐c. 条件をつけて応じるといったある程度複雑な用件であっても、なんとか返事をすることができる。
☐d. どんな用件であっても、適切に返事をすることができる。
…今までに経験をしたことが、☐a. ある　☐b. ない
…機会があれば、☐a. 進んで学習したい　☐b. できれば学習したい
　　　　　　　☐c. あまり興味がない

【著者】

佐藤　恭子　(さとう　やすこ)

　神戸大学教育学部卒業、神戸大学大学院教育学研究科（英語教育専攻）修士課程修了。英国レディング大学大学院博士課程修了。Ph.D. 専門は英語学、第二言語習得。神戸学院女子短期大学、プール学院短期大学、プール学院大学を経て、追手門学院大学国際教養学部国際教養学科教授。著書として *Power Vocabulary*（英潮社フェニックス）（共著）、『英語心理動詞と非対格動詞の習得はなぜ難しいのか』（溪水社）（単著）、『英語学習者は e-learning をどう使っているのか』（溪水社）（共著）、『非対格動詞の受動化の誤用はなぜ起こるのか』（溪水社）（単著）など。

Can-Do で示す英語文法指導
―文法能力の習得実態調査を中心に―

平成 29 年 3 月 10 日　発行

著　者　佐藤　恭子
発行所　株式会社　溪水社
　　　　広島市中区小町 1 - 4　（〒730-0041）
　　　　電話 082-246-7909　FAX082-246-7876
　　　　URL: www.keisui.co.jp
　　　　e-mail: info@keisui.co.jp

ISBN978-4-86327-390-0　C1082

> 溪水社　好評既刊書

英語心理動詞と非対格動詞の習得はなぜ難しいのか ——動詞の項構造の習得をめぐって——

佐藤恭子　著／1,500 円（税別）

日本人英語学習者の心理動詞と非対格動詞習得の実態を、誤用例の紹介や学習の実験データによって究明。動詞の項構造の習得について実証的に解明する。

1．動詞の項構造の習得とは／2．心理動詞とは／3．心理形容詞／4．心理動詞と主語の有生性（animacy）／5．非対格動詞とは

英語学習者は e-learning をどう使っているのか
―自律学習におけるメタ認知ストラテジー能力の養成へ向けて―

佐藤恭子・権瞳・アラン・ベセット・有馬淑子　著／1,500 円（税別）

効果的な e-learning には何が必要なのか、学習者要因としての学習観（ビリーフ）と学習ストラテジー（学習方略）の調査により考察。また、メタ認知ストラテジー能力を高める方法の一つとして、学習記録の実践を提案する。

1．学習ビリーフと学習ストラテジー／2．e-learning における学習行動／3．e-learning を心理学の立場から考える／4．英語学習および授業のためのウェブサイト／5．実践編

非対格動詞の受動化の誤用はなぜ起こるのか —An accident was happened. をめぐって—

佐藤恭子　著／1,500 円（税別）

受動文が適切でない場合に使ってしまう「過剰般化」の現象について、実践デザインなど具体的な研究手法も示しながら論じる。

1．はじめに／2．非対格動詞とは／3．これまでに行われてきた研究／4．佐藤（2013）／5．Ju（2000）の追実験／6．まとめ

※別途消費税がかかります